EXPLORATION

DE LA COTE MÉRIDIONALE

DE

L'ARABIE,

AU POINT DE VUE SANITAIRE.

—

RAPPORT

DE LA COMMISSION OTTOMANE.

———

CONSTANTINOPLE.

—

1870.

EXPLORATION

DE LA COTE MÉRIDIONALE

DE L'ARABIE.

EXPLORATION

DE LA COTE MÉRIDIONALE

DE

L'ARABIE,

AU POINT DE VUE SANITAIRE.

RAPPORT

DE LA COMMISSION OTTOMANE.

CONSTANTINOPLE.

1870.

EXPLORATION

DE LA COTE MÉRIDIONALE DE L'ARABIE,

AU POINT DE VUE SANITAIRE.

RAPPORT

De la Commission ottomane.

Un des plus importants problèmes soumis à la Conférence sanitaire internationale de Constantinople, a été de rechercher jusqu'à quel point il serait possible de prévenir de nouvelles invasions du choléra indien en Europe et d'indiquer les mesures praticables qui conviendraient le mieux pour obtenir ce résultat.

Après des études approfondies, la Conférence ayant établi que les mesures de quarantaine, convenablement appliquées, sont moins onéreuses au commerce que le dommage causé par le choléra lui-même, et ayant démontré, par une esquisse des routes suivies par cette maladie, que plus on agirait près de son foyer originel, plus il y aurait de chances d'arrêter sa marche envahissante, en même temps que s'amoindrirait le dommage.

causé par les mesures préventives, a conclu à l'unanimité:
*A la convenance d'un établissement sanitaire à l'entrée de la
Mer-Rouge.*

Le Gouvernement Impérial ottoman a, dans sa sollicitude, pris l'initiative de la satisfaction à donner à ce vœu émis par la Conférence internationale, et, dès la fin de l'année 1866, il envoya une commission sanitaire, chargée d'explorer tous les ports de la Mer-Rouge, dans le but de trouver un emplacement convenable pour la fondation de l'établissement projeté. Malgré les recherches consciencieuses de cette commission, malgré l'érudition et les efforts apportés dans ses investigations, le résultat obtenu ne parut pas à l'Administration présenter les conditions indispensables.

Sans s'arrêter à ce premier échec, et sans calculer les sacrifices qu'elle s'imposait, dans un intérêt général, la Sublime Porte résolut d'envoyer une nouvelle commission, chargée d'explorer la côte méridionale de l'Arabie, entre Périm et Mokalla, d'y choisir un point offrant les principales conditions requises pour un grand établissement quarantenaire destiné au pélerinage de La Mecque, et de présenter un avant-projet des travaux à exécuter pour l'installation.

Nous venons rendre compte de la mission dont nous avons eu l'honneur d'être chargés et nous demandons l'indulgence pour un travail qui touche de près aux questions qui ont été si brillamment traitées par l'illustre Conférence de Constantinople.

En premier lieu nous croyons devoir insister sur la nécessité et l'urgence de fonder, à l'entrée de la Mer

Rouge, un établissement destiné à préserver l'Europe des atteintes des diverses maladies endémiques dans les Indes et l'extrême Orient.

Non-seulement nous avons constaté, en assistant cette année au pèlerinage de La Mecque, qu'il n'y aurait aucun moyen efficace d'arrêter la propagation du choléra, s'il venait à éclater de nouveau parmi les masses agglomérées dans le Hedjaz au moment du pèlerinage, mais nous avons encore à signaler un danger non moins redoutable qui résulte de l'ouverture du canal de Suez.

On sait l'importance qu'a prise l'émigration des Côolis : tous les ans des milliers d'individus, Chinois, Malais, Javanais, Indiens sont transportés en masse en Australie et en Amérique. Jusqu'à ce jour, les navires affectés au transport de ces gens, vont, suivant leur destination, par les mers du Sud ou par le Cap de Bonne-Espérance ; malgré la longueur de la traversée et malgré l'insouciance américaine à l'endroit des mesures précautionnelles en général, ces navires sont, à leur arrivée, soumis à une rigoureuse quarantaine qui démontre suffisamment le danger qu'implique leur cargaison.

Or, nous sommes informés que prochainement des navires, construits dans ce but spécial, doivent inaugurer la nouvelle voie ouverte, en transportant plusieurs milliers de Côolis à la fois, à destination de la Havane et des Antilles. Nous croyons superflu de démontrer le péril qu'il y aurait à laisser pénétrer dans la Mer-Rouge et toucher à toutes les échelles de l'Europe, de semblables navires, sans les soumettre, au préalable, à de rigoureuses mesures préventives, et c'est avec la conviction de sa plus absolue nécessité que nous avons cherché les bases les plus favorables pour la fondation d'un établissement d'un intérêt aussi général.

Avant d'entrer dans le détail de nos investigations, nous pensons qu'il n'est pas sans intérêt de donner un aperçu général de la contrée que nous venons de visiter, tant au point de vue topographique qu'à celui de la situation politique de cette partie reculée de l'Empire.

Toute la côte méridionale de l'Arabie offre invariablement le même aspect; c'est une plaine basse, aride et sablonneuse comprise entre le rivage qui est hérissé, à des distances variables, de montagnes volcaniques formant des groupes isolés, et une ligne de montagnes qui courent parallèlement à la mer, à une distance d'environ trente milles dans l'intérieur. Ces montagnes, vues de loin, offrent une masse confuse sans stratification régulière, affectant des formes pittoresques et hardies. Ce sont des amas de roches appartenant aux terrains primitifs et formant les contreforts de la grande chaîne qui traverse l'Yemen de l'Ouest à l'Est. De ces montagnes descendent les torrents et cours d'eau qui, après avoir fertilisé les plateaux supérieurs, viennent s'enfouir et se perdre dans les sables de la plaine.

L'Yemen est divisé en un grand nombre de districts, comprenant des populations sédentaires et nomades, qui, toutes musulmanes, se reconnaissent, plus ou moins, sujets de S M. le Sultan ; mais soit à cause de la difficulté des communications existant jusqu'aujourd'hui, soit volontairement, le Gouvernement a négligé d'exercer une autorité directe sur ces contrées, de sorte que chaque district ou tribu est administré par un Cheïh dont la juridiction est héréditaire dans sa famille. Toutes ces tribus sont plus ou moins en hostilité entr'elles et constituent une sorte de féodalité dans laquelle chaque Cheïh aspire à trouver un appui pour prendre la prépondérance sur ses voisins antagonistes.

Cette situation créait à la Commission une tâche délicate, pour agir au nom d'une autorité qui ne s'exerce pas journellement, sans froisser la susceptibilité de Cheïhs qu'on a laissés jouir d'une indépendance relative et dont le concours nous était nécessaire. Nous avons la satisfaction de pouvoir certifier que non-seulement l'autorité du Sultan ne nous a pas été contestée ; mais aussi que le prestige de la Porte, rehaussé encore par la présence des délégués adjoints à la Commission par S. A. le Grand Chérif, a déterminé plusieurs Cheïhs à venir nous demander la protection du Gouvernement suzerain.

Nous ne nous étendrons pas plus longuement sur cette question qui ne se rattache qu'indirectement à notre mission, mais nous devions l'effleurer, autant pour indiquer la conduite que nous avions à tenir que pour affirmer la dignité avec laquelle nous avons procédé au nom du Gouvernement Impérial.

L'Administration avait facilité la tâche de la Commission en lui donnant des instructions précises et détaillées, qui lui enjoignaient de visiter la côte Sud de l'Arabie, d'y étudier les deux localités désignées sous les noms de Ras-el-Arah et Hisni-Ghorab, de s'assurer si l'une ou l'autre présentait les principales conditions requises pour un grand établissement quarantenaire et enfin de s'enquérir s'il n'existait sur la côte quelqu'autre endroit pouvant être utilisé dans ce but, dans l'hypothèse, peu présumable, où ni l'une ni l'autre de ces localités ne serait susceptible de recevoir l'établissement projeté. Les principales conditions requises étaient d'ailleurs résumées aux chefs suivants : 1° *Un emplacement convenable pour un grand lazaret pouvant contenir plusieurs milliers de personnes ; 2° Un port assez vaste et un mouillage sûr pour un grand nombre de navires ; 3° de l'eau en quantité suffisante ; 4° Enfin les conditions de salubrité, de sécurité, d'isolement et d'approvisionnement.*

En conséquence, la Commision embarquée sur le *Réthymo*, aviso de l'Etat, est partie de Constantinople et a fait route directement pour Djeddah, en traversant le canal de Suez ; arrivée sur rade le 19 février, Arif Bey se rendit immédiatement à La Mecque pour conférer avec le Grand Chérif. Il mit son séjour à profit pour assister au pèlerinage et se rendre compte, *de visu*, des mesures qui sont prises aux lieux saints. Il rendra compte à l'Administration de ses observations personnelles, mais nous pouvons témoigner ici des bonnes dispositions de S. A. le Grand Chérif dont nous avons pu apprécier la haute sagacité par le choix qu'il a fait des délégués qui nous furent adjoints.

Le pèlerinage terminé, la Commission au complet reprit la mer, et, après avoir, suivant ses instructions, fait escale à Hodeïda, se dirigea sur Bab-el-Mandeb où devait commencer son exploration. Nous allons rendre compte des différentes localités que nous avons visitées successivement en présentant nos observations pour chacune d'elles.

RAS-EL-ARAH. — Le cap Ras-el-Arah par 12° 37' lat. et 44° 1' long. est le point le plus méridional de la côte Arabique. A quelques milles à l'Est du cap se trouve un vaste port indiqué sur la carte sous le nom de Khor

Amaran. Ce port d'une étendue de deux milles environ sur un mille de largeur, est formé par une langue de terre qui, partant d'un angle de la baie, la ferme complètement, ne laissant qu'une étroite entrée donnant accès dans cet immense bassin fréquenté journellement par les barques qui font le cabotage de la côte, soit pour y trouver un refuge contre le mauvais temps, soit pour y faire de l'eau.

L'étendue de ce hâvre et sa disposition, la proximité du détroit de Bab el-Mandeb (40 milles), la présence de l'eau douce, quelque végétation, tout semblait, de prime abord, indiquer ce point comme le plus recommandable à notre choix.

Malheureusement, nous ne trouvâmes, en sondant la passe, qu'une profondeur moyenne de deux brasses, suffisante, il est vrai, pour toutes les barques, mais complètement insuffisante pour des navires d'un fort tonnage. Bien que l'intérieur du port ait la profondeur d'eau désirable, nous avons constaté que la passe et le canal qui y conduit sont ensablés et nécessiteraient des travaux de draguage sur une profondeur de deux ou trois mètres pour pouvoir donner accès aux navires de tout tonnage.

Animés du désir de rester dans les limites les plus restreintes du programme qui nous était tracé, nous quittâmes ce point, sacrifiant les avantages qu'il offrait d'autre part et convaincus de la nécessité de trouver un emplacement, qui permit, si l'urgence en était reconnue, de procéder à une installation immédiate, sans avoir à exécuter des travaux préliminaires dont il nous eût été difficile d'apprécier exactement l'importance.

Mais c'est avec un vif sentiment de regret que nous abandonnâmes ce point qui, aux conditions de salubrité,

de sécurité, d'isolement, d'approvisionnement et de présence d'eau douce, joignait celle d'un vaste port fermé
à tous les vents et pouvant, à l'occasion, servir de
refuge à une flotte entière. Toutes conditions qui
feraient de cet emplacement, un point très-important,
si l'on voulait entreprendre d'exécuter les travaux indispensables. (*)

SHUGRA. — Au delà d'Aden par 13° lat. et 45° long. se
trouve la localité de Shugra, qui possède également un
port. Ce port formé par des récifs et des bancs qui les
relient, est accessible par deux passes et offre un refuge
d'une assez grande étendue. avec un abri sûr contre tous
les vents ; mais de même qu'à Ras-el Arah, nous n'avons
pas, en sondant, trouvé, à l'approche des passes, une
quantité d'eau suffisante, pour des navires de tout tonnage, et cette circonstance ne nous a permis de prendre
en considération, ni les dispositions favorables de la
population, qui aurait accueilli, avec la plus vive satisfaction, le choix qu'on eût fait de son territoire, ni l'eau
potable que donnent, sur les lieux mêmes, plusieurs puits
dont le débit intarissable sert à irriguer et cultiver la
contrée.

HISNI-GHORAB. — En quittant Shugra, le *Réthymo* alla
mouiller dans la baie de Hisni-Ghorab dont l'exploration
était particulièrement recommandée à la Commission.
Hisni-Ghorab est le nom d'une montagne volcanique qui,
s'avançant dans la mer par 13° 57' lat. et 48° 15 long.
forme un promontoire abritant une vaste baie accessible
à tous les navires, avec une profondeur d'eau suffisante
et un bon ancrage. Mais la seule inspection de la localité

(*) Voir le plan N° 1.

nous fit reconnaître que la position très-bonne contre les vents de Sud et Sud-Ouest ne serait pas tenable contre de violents vents de Nord ou Nord-Est.

Or, c'est précisément avec le vent de Nord-Est qu'arrivent tous les voiliers se rendant des Indes dans la Mer-Rouge. Cette circonstance sur laquelle nous aurons à nous étendre plus longuement, et qui est une considération capitale, nous fit immédiatement renoncer à ce point et nous nous remîmes en route pour nous arrêter à Medjdaha, à six milles à l'Est. Après avoir constaté les avantages que présentait le mouillage de cette rade, nous eûmes une première entrevue avec le Cheïh, dont la juridiction s'étend d'ailleurs sur Hisni-Ghorab, et, après lui avoir fait connaître nos intentions, nous résolûmes de nous rendre de suite, suivant nos instructions, à Mokalla, pour revenir étudier la localité en détail et nous assurer de la véracité des rapports qui nous avaient été faits.

MOKALLA.—La baie de Mokalla par 14° 15 lat. et 47° long., baigne le pied d'une montagne aride qui la protège contre les vents du Nord et Nord-Est, et sur le versant de laquelle la ville est construite en amphithéâtre. Cette ville, défendue par plusieurs redoutes, est la résidence d'un Cheïh, connu sous le nom de Naghib Sala, lequel est en hostilité permanente avec les tribus voisines, et reçoit des subsides du gouvernement anglais, qui cherche ainsi à fortifier son influence sur la côte de l'Hadramouth.

En aucun cas, la baie de Mokalla ne pourrait convenir pour un établissement quarantenaire ; la plage n'offre, entre la montagne et la mer, qu'un étroit espace où l'on ne saurait trouver un emplacement suffisant, et nous pensons que, quand bien même la disposition topographique ne constituerait pas une impossibilité, il y aurait lieu de prendre en considération, d'une part, l'inconvénient qu'il y aurait d'établir un lazaret au milieu d'un centre populeux, et d'une autre, les dispositions belliqueuses du Cheïh actuel, pour ou contre qui, un jour ou l'autre, on se trouverait dans la nécessité de prendre fait et cause. Nous devons ajouter néanmoins, que nous avons reçu du Naghib Sala, l'accueil le plus empressé et en apparence le plus dévoué.

MEDJDAHA,—Après avoir visité Mokalla, la Commission revint à Medjdaha. Ce point situé à six milles à l'Est d'Hisni-Ghorab, est constitué par une vaste baie, bien abritée, avec un fond suffisant pour les navires du plus fort tonnage et un très-bon ancrage. A l'extrémité Nord de la rade, s'élève une haute montagne volcanique au pied de laquelle s'étend une vaste plaine déserte. Un petit village, composé d'une maison en pierre et de barraques en bois, est construit sur la plage même et est habité par une cinquantaine d'Arabes qui exploitent la rade.

Le Cheïh Hadi Ben Abdullah-el-Waïdi, à qui nous avions fait entrevoir les avantages qui résulteraient pour l'emplacement qui fixerait notre choix, et que nous avions laissé dans l'incertitude, à l'endroit de son territoire, nous attendait avec impatience, appréhendant que quelque autre localité ne se trouvât plus à notre convenance. Après avoir constaté l'excellence du mouillage qu'on devrait imposer aux navires, la question de l'eau douce était celle qui nous préoccupait en première ligne.

Deux puits seulement existent à Medjdaha, l'un près

du village même, donne de l'eau que boivent les habitants et qui est légèrement salée ; l'autre, dont l'eau
est excellente, est à une distance plus éloignée dans la
direction de Hisni-Ghorab. Le Cheih nous déclara que
ces deux puits suffisant à la consommation de la localité,
on n'avait pas eu à en construire d'autres, mais que partout on trouvait l'eau à quelques pieds de profondeur.
Nous fîmes l'application, dans deux endroits différents,
des appareils tubulaires de forage instantané, qui nous
avaient été confiés, et à une profondeur de dix à douze
pieds, en dessous d'un lit de roches, nous trouvâmes
en effet la nappe souterraine, dont l'eau saumâtre près
de la mer, devient de plus en plus douce au fur et à me-
sure qu'on s'éloigne du rivage. Cette expérience nous
confirma dans l'opinion que nous avions déjà antérieu-
rement et nous permet d'affirmer avec certitude, que,
dans toute l'étendue de la zône déserte qui forme les
confins Sud de l'Arabie, on peut se procurer de l'eau
douce, en fouillant le sol à quelques pieds de profondeur. En effet, nous avons dit, au début de ce rapport,
que tous les cours d'eau qui arrosent les plateaux de
l'Yémen venaient se perdre dans les sables de la plaine
qui borde le rivage ; ces eaux en s'infiltrant, forment
une nappe souterraine que les habitants ont trouvée,
partout où il leur a convenu de creuser des puits.

Les deux conditions principales du mouillage et de
l'abondance de l'eau douce se trouvant réunies à Médj-
daha, il nous restait à nous entendre avec le Cheïh, au
sujet de la construction, de l'approvisionnement, et de la
sécurité de l'établissement. Après avoir traité chacune de
ces questions l'une après l'autre, nous arrivâmes à une
entente définitive et nous fîmes avec lui la convention

dont nous avons soumis le texte à l'appréciation du Gouvernement.

L'emplacement de Medjdaha offre tous les avantages désirables : Bon mouillage pour un grand nombre de navires, eau en abondance, climat sain, disposition topographique permettant l'isolement de l'établissement, approvisionnement et sécurité résultant des bonnes dispositions de la population, dévouement du Cheïh, qui voulait de suite arborer le pavillon ottoman, etc., et nous n'hésitons pas à affirmer qu'on obtiendrait les meilleurs résultats, en choisissant ce point pour l'établissement projeté.

Toutefois, nous devons signaler un inconvénient résultant de la distance qui sépare Medjdaha de l'entrée de la Mer-Rouge. Le transport des pèlerins venant des Indes et du Golfe Persique est effectué, en majeure partie, par des navires à voiles : ces navires ne peuvent se rendre dans la Mer-Rouge qu'avec la mousson Nord-Est ; ils pourront donc sans difficulté, et presque sans dévier de leur route, toucher à Medjdaha, purger la quarantaine et continuer leur voyage sur Bab-el-Mandeb ; mais, admettant le cas, où arrivés à ce point, ils dussent, pour un motif ou un autre, retourner au Lazaret, il y aurait pour eux une impossibilité absolue et il faudrait aviser à un moyen de remédier aux infractions qu'on ne peut affirmer, ne pas devoir se produire.

Cet inconvénient qui serait le même, le lazaret fût-il à quelques milles seulement à l'Est de l'entrée de la Mer-Rouge, nous donna la conviction que l'endroit le plus approprié serait Bab-el-Mandeb même, où devrait en toute occurence s'exercer la surveillance. D'une part les renseignements qui nous furent donnés sur toute la côte, d'une autre, notre désir de déterminer un point qui, réunissant tous les avantages, n'offrit aucun inconvénient, nous firent prendre la résolution d'explorer Bab-el-Mandeb, afin de voir si nous pourrions rencontrer sur ce point les mêmes avantages qu'à Medjdaha, bien que la première commission de la Mer-Rouge, n'ait pas cru y voir réunies les conditions indispensables à la fondation projetée. (*)

ZEILA. — La Commission était invitée, dans ses instructions, à visiter le port ottoman de Zeïla situé dans le golfe d'Aden par 11° lat.

En conséquence, après avoir fait du charbon à Aden, nous nous rendîmes sur ce point, dont l'exploration ne se rattachait pas à notre mission et intéressait plus particulièrement l'Amirauté ; aussi, nous laissons au commandant du *Réthymo* le soin de présenter ses observations, s'il y a lieu.

CHEIH-SAID. — A l'entrée même de la Mer-Rouge, en face de l'île de Périm et formant le côté Est du détroit de Bab-el-Mandeb, se trouve le territoire de Cheih-Saïd.

Ainsi qu'on peut voir, sur le plan ci-joint, (**) le fond de la rade donne accès dans une vaste baie qui s'étend en s'élargissant dans l'intérieur des terres et forme un magnifique port naturel. Ce bassin, il est vrai, est ensablé et demanderait des travaux de dragage pour être mis en état de recevoir des navires de tout tonnage, si l'on voulait avoir, sur ce point, un port absolument fermé ; aussi ne nous occuperons-nous que de la rade qui est très vaste, possède partout un bon ancrage, avec un fond pour tous les navires, est bien abritée contre les vents de Sud et Sud-Est et est éclairée par le phare de Périm.

(*) Voir le plan n° 2.
(**) Voir le plan n° 3.

La première commission de la Mer-Rouge avait résumé les principaux avantages de Cheih-Saïd, en faisant ressortir : le plus grand voisinage de l'île de Périm, l'emplacement nécessaire à tous les besoins, la présence de l'eau potable, et la facilité de surveillance avec celle de l'approvisionnement ; mais ayant concentré ses sympathies sur l'île de Camaran, elle avait mis en regard de ces avantages une somme d'inconvénients que, à notre avis, elle n'a pas suffisamment élucidés.

Le premier et le plus grand de ces inconvénients, suivant elle, serait l'impossibilité de tenir la rade de Cheih-Saïd pendant la partie de l'année où dominent les vents du Nord ; il est vrai qu'elle n'avait admis cette hypothèse qu'en se retranchant derrière son incompétence en cette matière ;

Le second inconvénient était tiré de l'intensité de la chaleur dans cette contrée, comme si ce point faisait exception dans la zône intertropicale ;

Le troisième inconvénient, suivant nous, avait peu de fondement, étant basé sur les besoins des employés européens dont l'alimentation exigerait un approvisionnement autre que celui des pèlerins.

Enfin le quatrième et dernier inconvénient cité, était tiré des dépenses que nécessiterait la sécurité de l'établissement pour le préserver de tentatives malveillantes de la part des Bédouins.

Nous allons démontrer que ces inconvénients sont exagérés sinon chimériques et nous avons la persuasion de le faire victorieusement, sans entrer dans des développements trop étendus.

Nous avons dit plus haut, que les navires à voiles ne pouvaient venir des Indes qu'avec la mousson Nord-

Est et ne pouvaient y retourner qu'avec celle Sud-Ouest.
Or nous allons voir, d'après la déclaration que nous ont
donnée tous les capitaines qui, depuis dix ans, font les
voyages de Djeddah, quelle est l'influence de ces deux
vents sur la Mer-Rouge.

« La mousson Nord-Est, qui commence vers novembre,
» n'atteint sa force que vers le milieu de décembre, et
» souffle dans le golfe de Bengale et la mer Arabique,
» continuant surtout de l'Est jusqu'aux approches de
» Bab-el-Mandeb, là le vent augmente de force en virant
» vers le Sud, Sud-Est, à l'entrée même du détroit, formant
» ainsi pour les navires, qui se rendent dans la Mer-Rouge,
» un vent on ne peut plus favorable. Cette brise continue
» jusqu'aux approches de Jibbel Teer, où elle est rempla-
» cée par des vents variables jusqu'à Djeddah ou même
» Jambo où les vents du Nord dominent toute l'année.

» Pendant la mousson Sud-Ouest qui commence vers
» le mois de juin, les vents du Nord s'étendent dans
» la Mer-Rouge jusques près de Bab-el-Mandeb, mais à
» partir de Jibbel Teer ils ont peu de force et sont sou-
» vent remplacés par des calmes ou de légers vents va-
» riables. »

« Un mouillage à l'entrée de la Mer-Rouge, bien protégé
» contre les vents de Sud-Est et Sud, serait donc exempt
» de tout danger, le vent atteignant rarement quelque
» force d'une autre direction. »

Cette déclaration, qui nous a été donnée par les capitaines les plus expérimentés et les plus intéressés dans la
question, confirme notre propre opinion à l'endroit de la
rade de Cheih-Saïd où nous étions mouillés à l'époque
même du changement de mousson.

A l'excellence de mouillage de Cheïh-Saïd il faut joindre les avantages résultant de sa position au détroit de Bab-el-Mandeb qui permettront :

1° D'exercer, de l'établissement même, la surveillance du détroit et par conséquent de supprimer le poste d'arraisonnement qui devrait être établi à Périm, ce qui sera une économie réelle ;

2° De n'imposer aucune difficulté aux navires chargés de pèlerins, qui ne pourront ainsi prétexter les nécessités de la navigation pour tenter de se soustraire aux mesures qui leur seront imposées ;

3° D'éviter tout obstacle de communication pour l'établissement auquel il sera possible de se rendre, en toute saison, comme d'en revenir, sans avoir de vapeur spécialement affecté à ce service, ce qui serait indispensable pour se rendre sur un point écarté de la côte, pendant la durée de la mousson contraire ;

4° De n'avoir à établir aucun phare, celui de Périm suffisant à tous les besoins ;

5° Enfin d'avoir l'établissement sur un territoire attenant aux points occupés actuellement par l'armée ottomane.

Quant aux autres conditions requises pour le lazaret, nous allons les passer en revue rapidement et démontrer que, en aucun cas, elles ne sauraient présenter de difficultés sérieuses.

La disposition géologique de l'Yemen dont nous avons donné un aperçu, la preuve que nous en avons tirée par les expériences de forage instantané, la présence à Cheïh-Saïd de plusieurs puits, nous permettent d'affirmer qu'on se procurera l'eau avec toute l'abondance désirable sur le territoire de Bab-el-Mandeb.

Un vaste emplacement, sur le bord de la mer, limité de tous côtés par des obstacles naturels, permettrait l'isolement le plus complet de l'établissement avec toute facilité pour la surveillance, et la disposition du terrain donnerait la faculté d'établir autant de divisions que de groupes séparés de quarantenaires.

La question de sécurité ne pourrait être soulevée qu'en raison d'un petit nombre de Bédouins, sans ressources au milieu du désert qu'ils habitent. Ces gens qui ne sont soumis à aucune espèce d'autorité, seraient bien capables, avec la certitude de l'impunité, de dévaliser quelque voyageur isolé, mais ne sauraient, en aucune manière, compromettre la sécurité d'un établissement que, en tout état de cause, nous supposons protégé par une force quelconque. D'ailleurs, nous avons été à même de constater que le projet d'un lazaret que nous avons présenté, comme destiné à préserver La Mecque du choléra, était l'objet de l'approbation de tous les Arabes, et d'un autre côté, en tenant compte de la faculté dominante de ce peuple, qui est l'esprit mercantile, il n'y a pas à douter que leur intérêt, qu'ils savent admirablement calculer, ne devienne immédiatement leur règle de conduite.

L'approvisionnement, favorisé par la spéculation, abonderait soit de l'intérieur, soit de la côte d'Afrique, soit d'Aden, soit de Moka, approvisionnement du reste pour lequel la nature des quarantenaires n'exige pas une grande variété.

Quant au climat de cette contrée, sans marécage et sans humidité, il est comme celui d'Aden absolument exempt de causes d'insalubrité.

Résumé.

En résumé, la Commission, après avoir visité toutes les localités de la côte arabique susceptibles de recevoir un établissement sanitaire, après avoir étudié et apprécié sur place les avantages et les inconvénients de chacune d'elles, après s'être rendu un compte exact tant des besoins de la navigation que des nécessités afférentes à l'établissement, pense que l'emplacement de Cheïh-Saïd serait, à tous égards, le point le plus approprié à une quarantaine. Indépendamment de la réunion sur ce point des principales conditions indispensables à la fondation projetée, il faut prendre en considération, d'une part, l'impossibilité pour les voiliers de rétrograder, même à une faible distance, pendant toute la durée de la mousson qui leur est favorable, et d'une autre, l'amoindrissement des frais d'installation résultant des facilités de communication et de la proximité de l'occupation ottomane ; cette dernière considération d'économie domine d'ailleurs toutes les autres, en établissant le lazaret à Bab-el-Mandeb on évitera les frais considérables que nécessiterait sa construction sur un point éloigné et dépourvu de communications régulières.

Nous pensons, pour conclure, qu'il convient ici de donner asile au vœu qui nous a été émis par tous les capitaines de vapeurs et de voiliers qui font, chargés de pèlerins, les voyages des Indes, de voir ce transport soumis à une réglementation sérieuse avec une loi uniforme et *ne varietur*, déterminant le nombre des passagers, les conditions hygiéniques des navires, etc. et ne laissant pas le champ libre à l'avide spéculation d'armateurs, qui, pour allécher les pèlerins par quelque diminution sur le prix du frêt, ne craignent pas, par un déplorable encombrement, de compromettre la vie de ces malheureux, et d'augmenter, s'il y a lieu, les chances de propagation de la maladie.

Enfin en terminant notre étude, nous nous félicitons du concours plein de zèle et d'intelligence que nous ont apporté les délégués de S. A. le Grand Chérif, comme aussi de la participation dévouée de l'équipage du *Rhéthymo*, notamment de Shukri Effendi, l'officier de route ; nous remercions l'Administration de la haute confiance qu'elle a bien voulu nous accorder et nous croyons, en raison des soins consciencieux par lesquels nous avons cherché à la justifier, pouvoir formuler l'espoir que nos efforts ne seront pas frappés de stérilité.

Constantinople, 6 Juillet 1870.

(Signés) Dr ARIF.   Dr E. WATRIN.

Typographie et Lithographie Centrales, Rue du Journal, 6, Péra.

Plan N.º 1.
RAS EL ARAH
ARABIE
Huttes
Khor Amaran
RAS EL ARAH
GOLFE D'ADEN
Echelle de cinq milles.

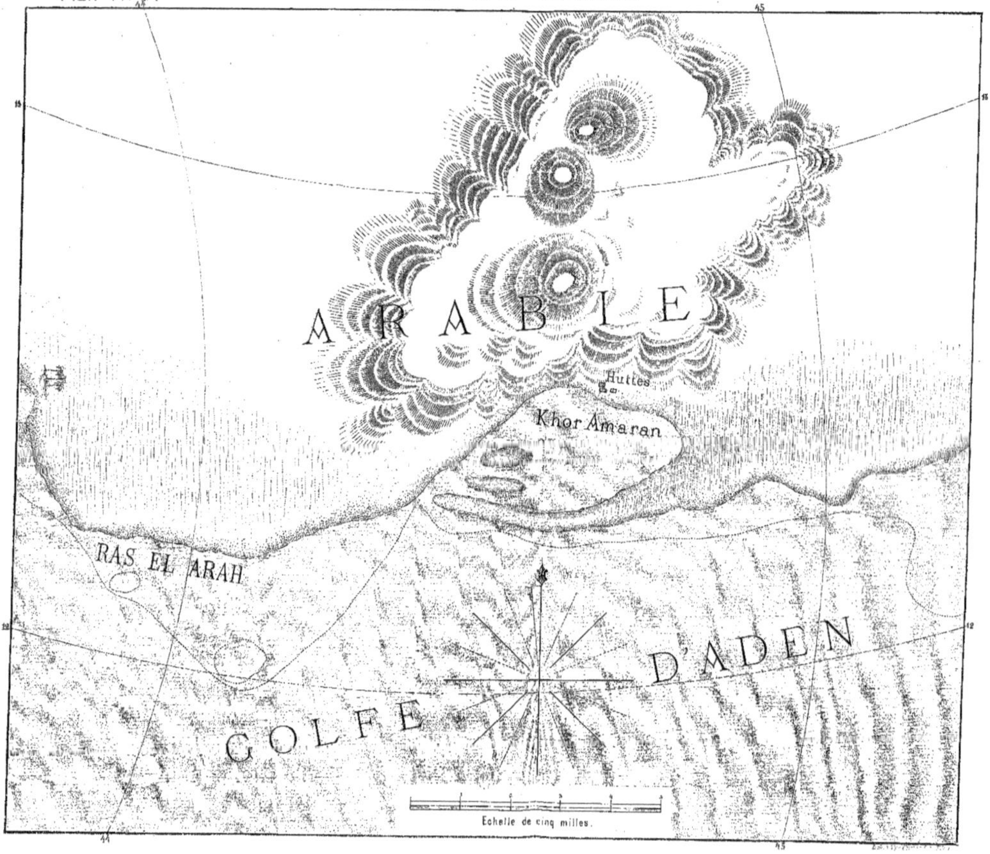

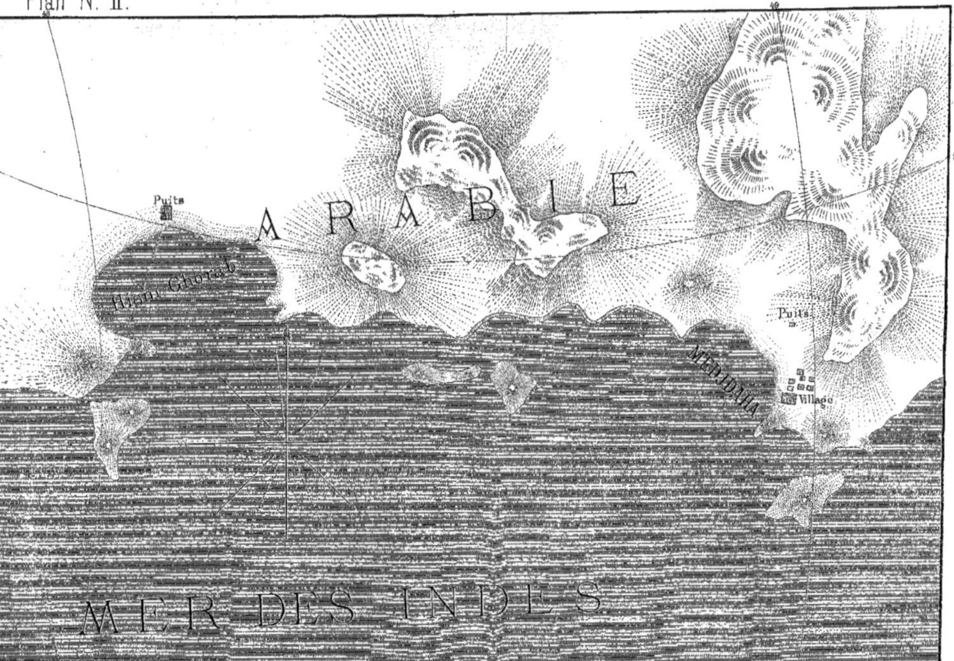

Plan Nº II.
ARABIE
Puits
Hjam Ghorab
Puits
MEDJADAHA
Village
MER DES INDES
Echelle de cinq milles.

Plan N.º III.

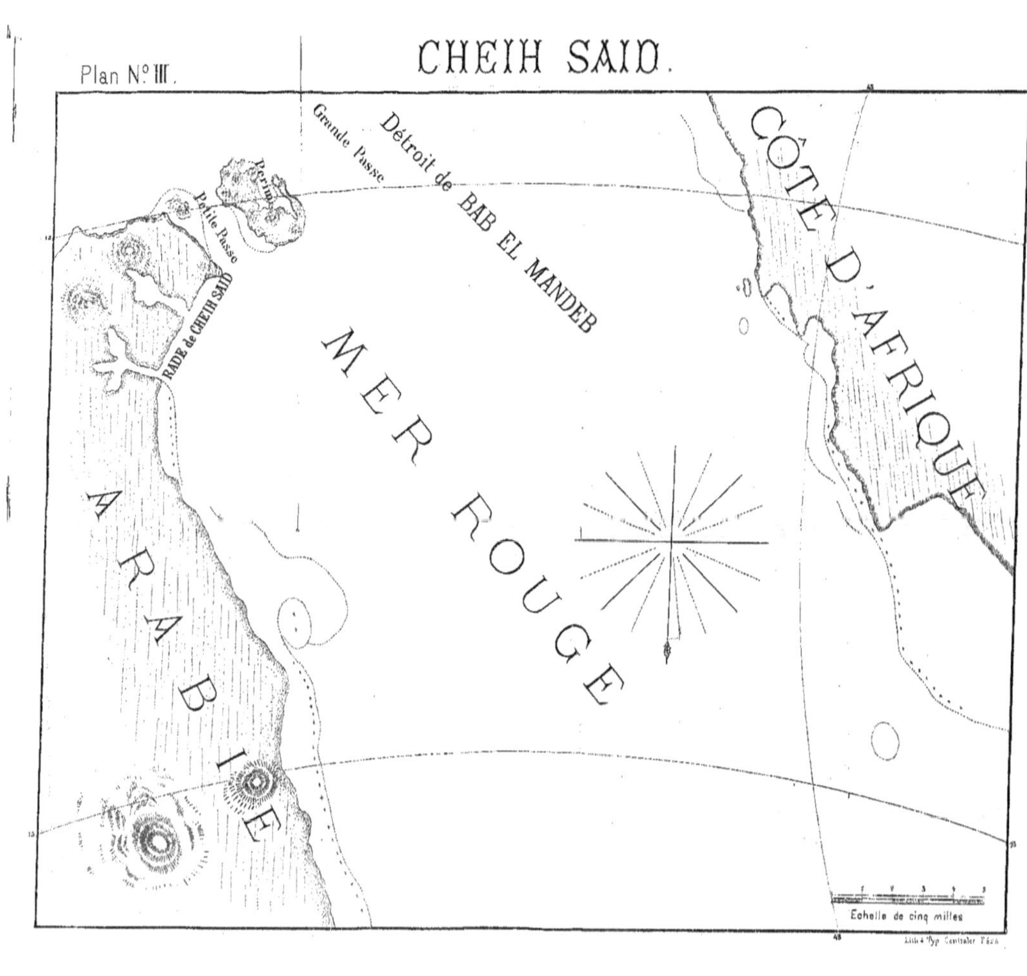

Lith & Typ. Centraler Téza